AF245476

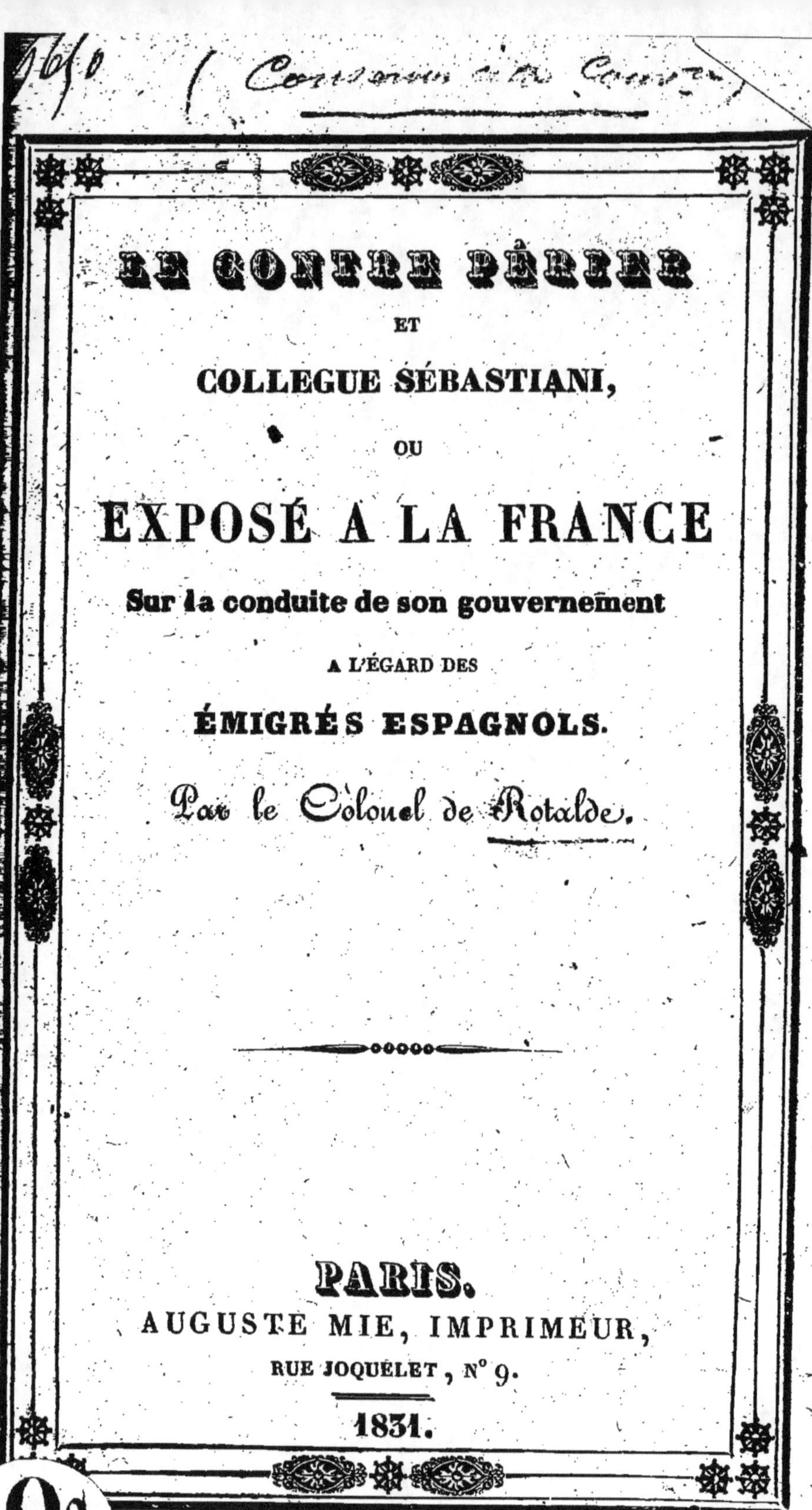

LE CONTRE PÉRIER

ET

COLLEGUE SÉBASTIANI,

OU

EXPOSÉ A LA FRANCE

Sur la conduite de son gouvernement

A L'ÉGARD DES

ÉMIGRÉS ESPAGNOLS.

Par le Colonel de Rotalde.

PARIS.

AUGUSTE MIE, IMPRIMEUR,

RUE JOQUELET, N° 9.

1831.

EXPOSÉ A LA FRANCE

SUR LA CONDUITE DE

SON GOUVERNEMENT

A L'ÉGARD

DES ÉMIGRÉS ESPAGNOLS.

EXPOSÉ A LA FRANCE

SUR LA CONDUITE DE

SON GOUVERNEMENT

A L'ÉGARD

DES ÉMIGRÉS ESPAGNOLS.

PAR

LE COLONEL **S.** DE **ROTALDE.**

PARIS,

AUGUSTE MIE, IMPRIMEUR,

RUE JOQUELET, N° 9.

1831

AVANT-PROPOS.

La haute politique du Cabinet des Tuileries faisant un crime aux Émigrés de leurs réunions, je me trouve dépourvu de tout moyen de consulter mes compagnons d'infortune, pour repousser la calomnie dont les ministres Périer et Sébastiani ont voulu flétrir l'honneur des Émigrés espagnols. Réduit ainsi à mes propres forces, je publie cet écrit sous ma seule responsabilité ; de sorte que si je commettais quelque indiscrétion, si quelque peine ou quelque blâme devait être encouru, c'est sur moi seul qu'il devrait retomber.

Du reste, mon but dans cet ouvrage a été de mettre sous les yeux du public toutes les pièces officielles qui sont en mon pouvoir, pièces qui offriront l'histoire de toutes les injustices et de toutes les cabales exercées par le ministère Périer contre les Émigrés de ma chère patrie.

NOTE.

Les pièces officielles qui sont citées à la suite, sous les numéros 1, 2, 3, 4, 5, 6, 7, 8, 9, 10, 11, 12, 13, 14, 15, sont déposées au bureau du journal de la *Tribune*, passage des Petits-Pères, n. 8, où l'on peut les consulter.

EXPOSÉ A LA FRANCE

SUR LA CONDUITE

DE SON GOUVERNEMENT

A L'ÉGARD DES ÉMIGRÉS ESPAGNOLS.

L'arbitraire exercé contre les émigrés ayant pris, par la calomnie, un caractère d'équité, d'après les motifs énoncés par le gouvernement français, je crois de mon devoir de faire un résumé des faits qui me concernent, dût-il exposer au mépris et au ridicule de la France entière ceux qui sont la cause, par leur manque de foi et leurs rapports outrageans, contraires à la vérité, des mesures despotiques qui ont été prises contre les émigrés espagnols et italiens, et les ont soumis à la pénible nécessité de s'exiler de la capitale.

Oui, je le dis sans crainte, c'est le gouvernement, ce sont les ministres en conseil qui ont dénaturé tous les faits pour frapper l'homme sans

(8)

patrie, sans fortune et sans moyens de défense.
Un tel acte, dont je n'ai pas besoin de démon-
trer l'illégalité, mérite d'être dénoncé à la France
hospitalière, après le rejet que la majorité de la
chambre a fait des raisons claires et énergiques
présentées en faveur des émigrés, en général,
par les honorables députés Lafayette, Salverte,
Joly et Pagès.

C'est pour ma propre défense, et dans les intérêts de tous, que je veux soumettre ces détails
au tribunal de l'opinion publique; ce sont les
ministres eux-mêmes que je veux appeler en
témoignage. Mais comme, d'après leur conduite
dans la séance du 26 octobre, il serait impru-
dent de s'en rapporter à leurs paroles, je présen-
terai des pièces authentiques, dont ils ne pourront nier l'existence, puisqu'elles seront déposées
au bureau de la *Tribune* et soumises à l'examen
du public.

Après cette courte introduction, je commence
mon histoire comme émigré; et, bien que ce
soit l'histoire d'un seul homme, elle n'en com-
prendra pas moins toutes les injustices du gouvernement français envers tous les émigrés.

Mon émigration date de l'époque où le roi
constitutionnel de l'Espagne, en 1823, pour
applanir les obstacles qui auraient pu combattre sa trahison contre la liberté, fit demander

aux cortès (chambre des députés) par la voie de
ses ministres, ce que le ministère Périer vient
d'obtenir des chambres en France ; c'est-à-dire
la loi exceptionnelle contre les étrangers, qui,
sous la protection des lois de l'hospitalité, étaient
supposés compromettre la tranquillité publique
et la sûreté de l'État.

VOICI LES PREUVES.

En 1823 et le 1er juillet, une loi exceptionnelle
fut rendue à Cadix contre les étrangers réfugiés
résidant en Espagne, et dont la conduite pourrait donner des soupçons au gouvernement.
(*Pièce originale, n° 1.*)

Les patriotes, amis de la liberté, s'écrièrent
publiquement qu'une telle loi était l'avant-coureur du despotisme.

Effectivement, la loi contre les étrangers fut
rendue le 1er juillet, et, trois jours après, c'est-
à-dire le 4 du même mois, une loi semblable fut
lancée contre les Espagnols eux-mêmes. (*Original, n° 2.*)

Le même jour 4 juillet, et au moment même
où parut le décret, j'en subis toute la rigueur, je
fus emprisonné et privé à la fois de ma liberté et
de mon emploi, sans accusateur, sans procès et
gardé à vue ; je ne vis ouvrir les portes de ma

prison que pour monter à bord d'un navire qui devait me transporter au lieu de ma déportation. Fait prisonnier par les Français, et conduit à Brest sur le brick *le Curieux*; gardé comme prisonnier d'État, je fus conduit par la gendarmerie au fort des Têtes, à Briançon, dans les Hautes-Alpes, où je fus enfermé et traité comme un criminel. Dans cet état d'infortune, j'obtins du gouverneur la permission d'écrire, sous sa direction, au ministre de la guerre, auquel je me plaignis des traitemens qu'on me faisait subir, et je demandai d'être conduit au dépôt des prisonniers de guerre. (*Copie certifiée par le gouverneur de Briançon.*)

M. le baron de Damas répondit au gouverneur en lui disant : «Des renseignemens recueil-« lis en Espagne et transmis par l'autorité fran-« çaise ont rendu nécessaire la disposition pres-« crite à l'égard de M. Rotalde, et il ne pourra « y être apporté aucun changement tant que cet « officier n'aura pas mérité par sa conduite et sa « soumission à son souverain, que l'on use d'in-« dulgence à son égard. » (*Pièce certifiée, n° 4.*)

Il y a bien des remarques à faire sur la loi exceptionnelle du gouvernement constitutionnel d'Espagne et la conduite des Français de ce temps envers les victimes de ladite loi. Le gouvernement de Cadix m'appliqua la loi exceptionnelle du 4 juillet comme partisan de l'ennemi (l'armée française); et cet ennemi, en me faisant prisonnier sur le bâtiment qui me servait de prison, au lieu de me rendre la liberté, m'enferma, comme un criminel, dans une forteresse de France. Toutes ces circonstances ne prouvent-elles pas assez que je n'avais point été d'accord avec les Français, qui alors étaient les ennemis de nos libertés, et qui s'étaient entendus avec le roi d'Espagne pour frapper de cette loi les patriotes, zélés défenseurs des lois constitutionnelles ?

Comme moi, furent victimes plusieurs centaines de libéraux et d'écrivains dévoués; Riego lui-même, chassé de Cadix, paya de sa vie son dévouement à la liberté.

Ainsi donc la France appréciera les motifs qui causent toutes mes craintes et excitent mon indignation, en voyant le président des ministres lancer, sans but, une loi exceptionnelle, qui détruit le patriotisme dans le pays où elle est en vigueur, et ne manque jamais de servir d'arme à des vengeances particulières.

Dans ma prison, au fort des Têtes, j'obtins la permission d'écrire mes mémoires et d'autres ouvrages; mais cette permission fut une nouvelle perfidie de la part du gouvernement, ainsi que je vais le prouver.

Le 25 août 1824, après le changement du ministère français, j'obtins ma liberté, avec ordre d'aller m'embarquer à Calais pour passer en Angleterre. (Une feuille de route est dans mon dossier au ministère de la guerre, où je prouve mes droits au traitement de captivité, droits qui ont été reconnus par M. le maréchal Soult, en vertu de la décision royale du 16 décembre 1829.)

En arrivant à Paris, je fus privé de ma liberté, et mes papiers et mes manuscrits furent saisis. Je fus mis au secret à la Préfecture de police, d'où je ne sortis que pour me voir conduire, de prison en prison, par la gendarmerie, jusques à Calais, où je fus embarqué avec ordre de ne pas retourner en France. (Le mandat d'amener est dans mon dossier au ministère de la guerre, où je prouve que l'on ne m'avait incarcéré que pour trouver un motif de saisir mes papiers et mes manuscrits, surtout ceux de Briançon.)

Après la glorieuse semaine de juillet de 1830, j'obtins l'autorisation de revenir à Paris pour faire mes réclamations. (Le passe-port de l'ambassadeur français à Londres constate ce fait, et il est au bureau des passe-ports, sous la date du 25 août 1830.)

Une lettre du Cabinet du roi Philippe Ier, du 22 septembre 1830, atteste que S. M. avait ordonné le renvoi de ma demande au ministère de la justice. (*Original, n. 5.*)

Une autre lettre du ministre de la justice, du 18 décembre 1830, prouve mon droit à des réclamations légales, et me donne avis que ma demande a été transmise au ministre de la guerre. (*Original, n. 6.*)

Enfin, une troisième lettre du ministre de la guerre, en date du 5 avril 1831, par laquelle il est dit qu'un traitement de 1,200 francs m'est accordé comme solde de captivité, attribuée à mon grade, me donne avis que je suis entré en jouissance dudit traitement, en vertu de l'ordonnance royale du 16 décembre 1829, et que je puis résider et toucher la pension en France, où bon me semblera. (*Original, n. 7.*)

De tels documens prouveront que par des droits que j'avais fait valoir, j'avais obtenu un traitement de 1,200 fr., et que ce traitement m'était accordé comme subside, en vertu d'un décret royal, rendu d'après les conventions et les traités conclus entre les chefs constitutionnels espagnols et les généraux français, à l'époque de la guerre de 1823.

Peut-être M. Casimir Périer se voyant pressé par tant de preuves, *consentira* de perdre la moitié de son *opinion*; pour conserver l'autre demie de son VOULOIR. C'est-à-dire que comme il a *assuré* que les émigrés n'ont pas des DROITS aux secours ; il fera réception des capitulés, en soumettant *seulement* à la condition de *gens à charge par charité*, ceux qui reçoivent des secours par le ministère de l'intérieur.

Mais comme *je né veux pas* lui accorder grâce, ni faire de *retranchemens* aux DROITS DE TOUS les émigrés, je lui présente un certificat du préfet de police, en date du 18 février 1831, qui prouve jusqu'à l'évidence que la pension qui m'avait été accordée par le ministre de l'intérieur (*avant le traitement par titre du ministre de la guerre*,) me fut allouée comme indemnité, pour des pertes éprouvées, dans ses saisies faits *sur ma propriété* par la police française en 1814.(*Ori. n.8.*)

Ainsi donc, je prouve *mon droit* par des capitulations, et mon droit par des pertes en captivité.

Peut-être M. Casimir Périer objectera-t-il que cette indemnité avait été accordée par un ministère qui n'était pas le sien; mais malheureusement pour lui, j'ai en mon pouvoir la lettre de M. Marquet, sous chef de bureau de la Préfecture de police, en date du 10 juin 1831, par laquelle il m'annonce que M. le ministre de l'intérieur, *Casimir Périer*, m'avait accordé 250 fr. comme secours extraordinaire pour me dédommager de la perte de mes papiers et de mes manuscrits saisis par la police en 1824. Or, d'après cet ordre, il reconnaissait mon crédit et mon droit à réclamer des indemnités, puisque, malgré que je fusse en jouissance d'une pension de 1,200 qui m'avait été accordée par le ministre de la guerre, lui, ministre de l'intérieur, m'allouait encore un secours extraordinaire de 250 fr. (*Original, n°. 9.*)

Voilà les preuves que je puis présenter pour justifier de mes droits aux secours pécuniaires qui m'ont été accordés, et, s'il le faut encore, pour persuader M. Casimir Périer qu'il a reconnu les secours comme des *indemnités* et non comme des *aumônes*, je reproduirai la lettre de M. Baillot, attaché au cabinet de M. le ministre de l'intérieur, par laquelle il me donnait avis que le subside qui m'avait été accordé était pour me dédommager de la perte de mes manuscrits qui avaient été perdus au ministère. (*Orig. n°* 10.)

Ainsi donc, M. le président du conseil a eu tort de dire, dans la séance du 26 octobre dernier, que les secours accordés aux émigrés étaient une aumône ; puisqu'il est évident, par les preuves que j'allègue, que le gouvernement n'a fait que son devoir en acquittant une dette sacrée, à laquelle a droit de prétendre tout émigré constitutionnel réfugié en France.

D'après ces faits, justifiés par des pièces authentiques, je demande au public, l'effet qu'ont dû produire sur moi les incriminations et les diatribes de M. le président du conseil coutre les émigrés, surtout lorsque M. le ministre de la guerre m'intima l'ordre de quitter Paris, et me prévint en même temps que dans le cas contraire je devais renoncer au traitement qui m'était alloué.

A peine eus-je reçu cet ordre, que j'écrivis en ces termes à M. le ministre de la guerre.

« M. le ministre.

« Une obéissance d'esclave ne saurait être
« compatible avec ma dignité d'homme, et je ne
« puis me courber sous le joug de l'arbitraire au
« point de m'éloigner de Paris, où mes affaires,
« ma volonté et mon droit, me commandent de
« rester sous la sauve-garde dès lois.

« Ainsi donc, plutôt que de renoncer à ma
« liberté, je me SOUMETS à la privation du se-
« cours pécuniaire qui m'est *dû* à juste titre,
« puisqu'il m'avait été garanti d'après les capitu-
« lations conclues en Espagne par les généraux
« français à l'honneur desquels nous avons dû
« croire.

« Émigré de ma patrie pour échapper au des-
« potisme, vous comprendrez aisément avec
« quelle violence j'ai pu me résigner à l'ordre
« ministériel qui motive cette démission pro-
« visoire.

« Malgré cela, j'ai l'honneur d'être, Monsieur
« le ministre, votre très humble serviteur.

« S. DE ROTALDE, colonel.

« Paris, 18 octobre 1831. »

Cette lettre ayant été remise, et l'ordre qui
m'avait été donné n'ayant pas encore reçu son
exécution, je m'attendais chaque jour à ce qu'il fût
accompli. Cependant le silence de M. le ministre
de la guerre me prouve que, dans cette circon-
stance, il avait été contraint, malgré lui, de
suivre les dispositions du conseil : sa conduite
envers tous les émigrés qui ont reçu l'ordre de
quitter Paris; la complaisance qu'il a mise en
leur permettant de choisir le lieu de leur exil,
me fait assez comprendre qu'il est loin d'approu-
ver cette mesure, légalisée dans la séance du 26
octobre dernier, à laquelle il n'a même pas pris
part dans la discussion élevée à ce sujet.

C'est MM. Casimir Périer, Sébastiani et Guizot qui ont poursuivi avec acharnement cette
discussion, par tous les moyens qui étaient en
leur pouvoir, sans en excepter même la calomnie, contre les malheureux émigrés qui s'étaient
réfugiés sous l'égide des lois du peuple français,
et qui, dans leur exil, ont vu accroître leurs peines
par des injures. Oui, je ne crains pas de le dire ; la
loi qui expulse de Paris les émigrés, est injurieuse;

2

et ce n'est que par des moyens captieux que M. le président du conseil a obtenu une loi exceptionnelle contre les émigrés sur le sol français, et pour laquelle on n'a même pas observé les règles prescrites pour sa promulgation.

C'est après l'exécution de cet acte illégal, qui blesse notre honneur, accroît notre misère et augmente le poids de nos chaînes, que j'ai pris la résolution de m'adresser au tribunal de l'opinion publique, non dans l'intention de voir s'améliorer mon sort, mais bien avec le but de prévenir le mal qui pourrait aussi retomber sur le peuple français avec lequel je sympathise.

Pour bien réussir dans ma délicate entreprise et pour prouver à la France que la majorité de la chambre a été induite en erreur; après avoir justifié de ma part que le PERSONNEL des émigrés a *privativement* des droits incontestables à des indemnités accordées sous le titre de *subsides*, je passe à décrire les *droits* en masse acquis par des *transactions, capitulations* et *obligations* contractées par la France envers les émigrés espagnols. Et comme le moyen le plus loyal de plaider notre cause, c'est de s'en tenir aux *raisons* et aux *pièces justificatives* produites par MM. les députés eux-mêmes, je transcris ici la partie du discours de M. Joly, prononcé à la chambre dans la séance du 26 octobre.

Cet honorable député commença son discours dans ces termes :

« Messieurs, dans tous les temps la proscription et le malheur trouvèrent chez nous une généreuse hospitalité. Les palais de nos rois furent toujours ouverts à de royales infortunes ; l'asile du citoyen le fut aussi à des malheurs moins éclatans, mais plus réels.

« De nos jours, le nombre des proscrits s'est accru, sans que notre sympathie pour eux ait rien perdu de sa force. Les suites de notre révolution, les guerres de l'empire, et, plus que tout, la colère des rois, ont fait refluer parmi nous des milliers de victimes du despotisme, fuyant la persécution et la mort, châtiment réservé à leur patriotisme.

« La restauration elle-même, malgré ses sympathies pour les despotes, n'a pas cru qu'il lui fût possible de leur refuser secours et protection ; car elle savait que l'opinion publique aurait flétri toute mesure contraire.

« La révolution de juillet nous a trouvés palpitans de dévouement et de générosité pour tous les proscrits qui avaient embrassé la cause de la liberté, et qui s'étaient imposé tant de sacrifices en son nom.

« L'affranchissement de la France semblait

être le signal de la délivrance de leur propre patrie. En relevant son front humilié, elle semblait être encore appelée à dicter des lois au monde, non par la force des armes, mais par les progrès de sa civilisation. »

Après avoir parcouru l'histoire de différentes nations et la cause de l'émigration qu'elles ont éprouvée, l'honorable membre parla ainsi de l'Espagne et de ses émigrés.

« L'espagne, l'héroïque Espagne, après avoir lutté pendant nombre d'années contre le colosse de l'empire, après avoir subi la royauté éphémère de Joseph Napoléon, semblait avoir trouvé l'indépendance dans nos propres désastres, lorsqu'elle n'eut à accepter, comme nous, pour prix de tous ses efforts, que le *malheur d'une restauration.*

« Deux genres de proscription servirent de cortége à la royauté restaurée. Les Espagnols qui avaient suivi le parti de Joseph furent bannis sans retour sous le nom de *Joséphins;* ceux qui avaient combattu le plus énergiquement pour la cause nationale, pour Ferdinand, et sans lui, pour avoir été partisans de la constitution que le roi, avec perfidie et ingratitude, a violée, furent suspects de patriotisme et contraints de fuir une patrie qu'ils venaient de défendre et de sauver

par tous les genres de dévouement. La France
les recueillit tous.

« En 1820, la constitution de 1812, proclamée
de nouveau, le gouvernement constitutionnel ré-
tabli, tout semblait annoncer aux malheureux
Espagnols qu'ils allaient revoir leur patrie heureuse et fière d'avoir recouvré ses droits légi-
times ; mais la Sainte-Alliance, qui charge l'Au-
triche de détruire les constitutions de Naples et
du Piémont, charge la France constitutionnelle
d'aller rétablir le despotisme en Espagne.

« Nous l'accomplissons cette honteuse mission,
et le gouvernement français assume sur lui tous
les malheurs qui désolent l'Espagne. Les écha-
fauds sont dressés ; des milliers de victimes sont
immolées en présence de nos garnisons. Nous,
Français, devenus *soldats du bon plaisir*, nous
sommes entraînés à devenir les satellites de ses
bourreaux.

« Mais la France, qui ne partageait pas les crimes de son gouvernement, ouvre de nouveau les
bras à tous les malheureux qui viennent se réfugier dans son sein.

« Des secours sont accordés aux réfugiés jusqu'en juillet 1830.

« A cette heureuse époque, il semblait que la
France était appelée à réparer les fautes de la

restauration. La politique en a décidé autrement.

« Une tentative faite sur les Pyrénées nous a
donné de nouveaux proscrits.

« Voilà, Messieurs, quels sont les hommes
auxquels se réfère le projet de loi sur lequel
vous avez à délibérer.

« La question qu'il présente n'est pas simple-
ment financière; car s'il s'agissait de l'envisager
seulement sous ce rapport, elle ne souffrirait ici
aucune opposition; mais elle renferme une question de haute politique, et c'est là que doit se
porter toute votre attention.

« D'après les motifs du projet et le rapport de
la commission, ces secours ne seraient accordés
que *par humanité*. *C'est l'humanité seule*, dit-
on, *qui sollicite et qui accorde les subsides.*

« Je soutiens au contraire qu'ils doivent être
donnés au nom de la justice et de la haute politique....

« Au nom de cette justice qui engage les peuples comme les gouvernemens à remplir des obligations sacrées; au nom de cette politique qui
trouve sa source dans la morale, et qui ne peut
point être suspecte d'arrière-pensée, de désordre
et de propagande.

« Pour bien apprécier l'état de la question, il

faut diviser les réfugiés en deux catégories : les Espagnols d'un côté, les Italiens de l'autre.

« Nous ne dirons rien des Portugais, qui ont à la fois un empereur sans empire, une reine sans trône, et un roi usurpateur que l'on a qualifié de *monstre* à cette tribune, auquel je ne pense pas que l'on veuille renvoyer les victimes qui lui sont échappées ; ils sont placés dans un cas tout exceptionnel.

« Les Espagnols réfugiés ont droit à des secours. C'est une dette sacrée pour nous que nous acquittons, et non pas un acte de bienfaisance que nous exerçons à leur égard.

« N'est-ce pas la France, Messieurs, qui est cause de tous leurs malheurs ?

« Voyons si, comme le dit M. le président du conseil, *elle a la conscience nette.*

« N'est-ce pas la France qui, sous prétexte de détruire la domination des Anglais en Portugal, couvrit l'Espagne de troupes, détrôna le roi Charles et son fils, sous prétexte d'être la médiatrice de leurs débats de famille ?

« N'est-ce pas la France qui établit en Espagne un fantôme de royauté nouvelle appuyée sur les baïonnettes de ses soldats ?

« N'est-ce pas la France qui, attirant à elle cette classe de citoyens qui, sous le nom de modérés, s'attachent à tous les pouvoirs par ce besoin d'ordre qui les entraîne vers tout pouvoir existant, créa cette catégorie d'Espagnols joséphins, dont le sort fut lié dès ce moment au nôtre? Et quand les désastres du Nord, les campagnes de Dresde, la défection de nos alliés, tous les malheurs enfin nous forcèrent à subir toutes les conséquences de la déroute de Vittoria; quand la puissance de Napoléon s'écroula, pouvions-nous laisser en Espagne, sous la hache des bourreaux et des inquisiteurs, ces malheureux Espagnols qui avaient partagé notre puissance et que le sort avait condamnés à partager nos revers? Ils nous suivirent en France; ce fut pour eux une nouvelle patrie; nous mîmes en commun nos misères; nous leur donnâmes des secours : pourrions-nous aujourd'hui les leur refuser sans injustice? Non! C'est donc pour nous une obligation sacrée à remplir, et non une dédaigneuse aumône à faire.

« Messieurs, l'Espagne avait brisé le joug du despotisme; le gouvernement des cortès, proclamé en 1820, serait encore debout, si la restauration, sous prétexte d'établir un cordon sanitaire, n'avait secoué sur les frontières les brandons de la discorde, et prêté son appui aux *bandes de la foi*. Notre ambassadeur protestait à Madrid des dispositions amicales du gouvernement français envers le régime des cortès, et le cordon sanitaire, porté subitement à un effectif de cent mille hommes, fit voir à la trop crédule Espagne qu'elle s'était endormie sur le bord d'un abîme, en se reposant sur la parole des rois, qui tous avaient, comme nous, reconnu son gouvernement; affaiblie par les factions, séduite par nos promesses, elle se laisse désarmer presque sans combattre, et bientôt après on épuise sur elle toutes les rigueurs d'une seconde restauration.

« Que cette leçon ne soit pas perdue pour nos hommes d'État. Comme l'Espagne, notre nouvelle France a été reconnue par les puissances; comme l'Espagne, nous avons reçu leurs ambassadeurs; comme l'Espagne, nous recevons tous les jours des assurances de paix; nous avons comme elle un cordon sanitaire, et les bandes de la foi dans l'Ouest. Ne nous laissons pas enlacer dans une confiance aveugle; veillons sur la France, car c'est le dernier asile de la liberté.

« Mais les secours que nous allons voter pour les réfugiés de cette seconde époque, ne seront-ils encore que des actes de bienfaisance ? Non, non ; il est une justice éternelle qui veut que nous allégions, si nous ne les réparons pas , les maux que nous avons causés.

« L'exil, la perte de la patrie, des affections de famille et d'amitié, le séquestre, la vente des propriétés, et par suite la misère, le manque de tout, voilà ce que peuvent nous reprocher les constitutionnels espagnols; tout cela fut notre ouvrage, et en échange, ils ne demandent que du pain, pourvu qu'il ne soit pas celui de l'humiliation et du mépris. (Bravos à gauche.)

« Ils sont fondés à nous reprocher non-seulement tous leurs maux, mais encore la violation de la foi jurée envers le malheur; leurs titres sont tracés en caractères de sang, dans ces capitulations que nous n'avons pas su faire respecter par le despote qui nous appela à son aide; les voici :

Capitulation de Santogne, conclue par M. Domingo Iglecias d'une part, et M. le maréchal de camp Schoseffer de l'autre, approuvée par le prince de Hohenlohe, commandant en chef le 3ᵉ corps des Pyrénées, faite le 22 septembre 1823.

Entre autres garanties de cette capitulation par les constitutionnels espagnols, il y est dit : « Art. 4. Les officiers supérieurs et autres conserveront leurs épées, bagages, qu'on leur permettra d'embarquer avec eux, ainsi qu'aux soldats leurs sacs. Si quelques-uns de ceux qui se rendent en France ont des biens en Espagne, on leur en assurera la possession. »

(*Constitutionnel*, 5 septembre 1823.)

« Art. 16. Aucun Espagnol existant dans les places, soit comme appartenant à la garnison, soit comme habitant, ou y séjournant, ou pour tout autre motif, ne sera inquiété, poursuivi, tourmenté pour les opinions politiques qu'il aura manifestées jusqu'au jour de l'occupation de la place par les troupes françaises, ni pour aucun fait qui s'y rattache. »

Capitulation conclue par le général Molitor, d'une part, et le général Ballesteros, de l'autre.
(4 août 1823.)

« Art. 4. Les généraux en chef et officiers appartenant au second corps de l'armée espagnole conserveront leurs grades, emplois, distinctions, et la solde correspondante auxdits emplois.

« Art. 5. Aucun individu de ladite armée ne pourra être inquiété, poursuivi, molesté pour ses opinions antérieures à cette convention, ni pour les faits analogues, excepté ceux qui sont de la compétence de la justice ordinaire. »

Cette capitulation a été faite à Grenade, le 4 août 1823.
(*Constitutionnel*, le 14 août 1823.)

Capitulation faite d'une part par le général Mina, de l'autre par le maréchal Moncey.
(*Constitutionnel*, 16 novembre 1823.)

« Art. 12. Les troupes arrivées dans leurs cantonnemens conserveront leur organisation actuelle, leurs armes, leurs équipages et leurs chevaux, recevront la paie et les vivres que leur accorde l'ordonnance. Les officiers, sergens et caporaux conserveront leurs emplois, et ne pourront être molestés pour leur conduite politique ni pour leurs opinions antérieures. Il sera accordé auxdites troupes les moyens de transport nécessaires, qu'on paiera suivant le tarif.

« Art. 5, Les officiers-généraux retirés de toutes les classes, les officiers isolés d'état-major, d'artillerie, de génie et de marine, les employés de l'administration militaire qui se trouvent dans ladite place (Barcelonne) conserveront leurs grades et équipages, et obtiendront, relativement à leur opinion et à leur conduite politique, toutes les garanties qui sont stipulées dans l'art. 3 pour les officiers des troupes de ligne. Ils seront autorisés à demeurer dans le lieu où ils se trouveront.

« Art. 8. Les milices locales, tant volontaires que levées en vertu de la loi, les corps des employés déposeront leurs armes dans le parc d'artillerie le même jour de l'occupation des places indiquées. Les individus qui composent lesdits corps pourront demeurer dans lesdites places ou se retirer où bon leur semblera, sous la garantie des sûretés personnelles stipulées dans l'art. 2.

« Les mêmes garanties sont accordées à tout

individu quelconque qui aura pris les armes sous quelque dénomination que ce soit.

« Art. 11. Les Italiens et Allemands qui font partie des corps qui se trouvent dans lesdites places, seront traités comme les Espagnols; il sera accordé des passe-ports à ceux qui le demanderont.

« Art. 12. Les employés civils, les personnes qui auront exercé des fonctions publiques dans le système constitutionnel, et tous autres individus ne pourront être poursuivis, ni en leurs biens, ni en leurs personnes, pour leur conduite publique, ni pour les opinions qu'ils auront manifestées tant par voix que par écrit. »

Cette capitulation est la même pour les places de Tarragone et d'Ostalric, faite à Barcelonne le 2 novembre 1823.

Capitulation de Carthagène, faite d'une part par le général Torijos, et de l'autre le vicomte Bonnemains.

« Art. 6. Les militaires et autres personnes qui voudront, dans les circonstances actuelles, s'en aller d'Espagne, pour le temps qui leur conviendra, obtiendront un passe-port pour aller là où ils voudront. Le terme précis pour obtenir ce passe-port va jusqu'au 31 janvier prochain. Si quelqu'un voulait aller en France, on devra lui faciliter les moyens de transport, et il obtiendra en France asile et sûreté. Les militaires auront en outre une solde proportionnée à leurs grades effectifs. »

« Faite le 3 novembre 1823.

« Voilà le résumé des capitulations faites avec les différens généraux des armées espagnoles : conservation des grades et emplois, résidence en Espagne, garantie pour les biens, garantie pour les personnes, et promesse pour ceux qui viendront en France, d'une solde proportionnelle à leur grade.

« Eh bien ! je le demande, avons-nous exécuté aucune de ces capitulations ? Non. Nous n'avons pas pu, dira-t-on, les imposer au roi Ferdinand, qui a refusé de les exécuter; et nous, ses auxiliaires, nous lui avons cependant livré ses sujets, après les avoir désarmés. (Sensation.) Quand nous avons engagé l'honneur de la France, nous avons dû savoir qu'une grande responsabilité était attachée à l'exécution de ces traités.

« Aujourd'hui n'avons-nous de la force et de la volonté que pour exécuter les traités honteux de 1814 et de 1815 ? Ce legs de la restauration, que nous n'avons pas cru pouvoir répudier, ne nous autorise-t-il pas à réclamer de l'Espagne l'exécution des conventions que nous avons faites pour elle en 1823 ? La restauration ne l'a pas obtenu, la révolution de juillet n'a pas su le vouloir, il ne nous reste qu'à étouffer de justes plaintes par quelques sacrifices.

« Messieurs, le canon de juillet avait eu aussi ses retentissemens en Espagne; les réfugiés le savaient, ils crurent le moment favorable pour délivrer leur pays : leur patriotisme ne serait pas *nomade* et *incommode*, s'ils n'eussent été arrêtés au milieu de leur entreprise.

« La justice, la morale, la politique seule, réclament donc des secours pour les Espagnols réfugiés; l'*humanité* aura d'autres grandes occasions pour s'exercer. Soyons *justes* avant tout; et quand la justice aura fait tout ce qu'elle *doit*, l'humanité verra s'il y a place pour elle.

« Des principes posés découlent des conséquences diverses : on conçoit que le ministère, qui considère les secours qu'il propose comme un *bienfait*, un secours accordé au malheur, décide que le malheur *contracte l'obligation de reconnaître ce bienfait.*

« On conçoit aussi que dans son système il trouve, que reconnaître une sorte de droit à l'infortune, soit une chose incommode pour l'ordre public.

« Entendons-nous sur ces mots et sur leurs conséquences. Le réfugié qui reçoit un bienfait ne peut répudier la condition que le donateur y attache, et déjà les réfugiés ont appris quelle

était la nature de ces conditions. On veut les for-
cer à aller habiter des dépôts ou des résidences
désignés par l'Administration; s'ils refusent, ils
ne recevront plus de secours habituel. Voilà,
Messieurs, le secret du projet de loi.

« Mais ces malheureux ont contracté des habi-
tudes, ils ont établi des relations dans les pays
qu'ils habitent, et qui rendent leur exil plus sup-
portable; plusieurs poursuivent la carrière des
arts et des sciences à Paris. Il faut qu'ils s'arra-
chent à tous ces dédommagemens, s'ils veulent
conserver un secours dont ils ne peuvent pas se
passer.

« Mais si le gouvernement ne fait qu'acquitter
envers eux une dette, il n'a pas de condition à
leur imposer, et, dans cette France, pays de liberté, ils sont libres de se choisir une résidence,
d'en changer à leur gré; ils ne sont sujets, comme
nous, que de la loi. »

C'est ainsi que s'exprima M. Joly aux chambres,
et je n'ai rien à ajouter pour éclaircir les *droits*
que nous (émigrés espagnols) avons aux secours
que nous accorde la nation française, sans que
cela soit (comme le dit M. Périer) une aumône à
notre misère!!!

Examinons à présent les motifs qui ont pu
porter M. le président du conseil à solliciter une

loi d'exil contre les émigrés espagnols, et les raisons qu'il a données.

Il a présenté une lettre du préfet de Perpignan, en date du 13 septembre 1831, conçue en ces termes :

« Monsieur le ministre,

« Des réfugiés espagnols ont pris une part ac-« tive aux derniers désordres qui ont eu lieu à « Perpignan, quelques-uns sont connus et trois « ont été arrêtés. »

Je crois au rapport et à la vérité de ces faits ; mais quel parti ont pris ces Espagnols ? Ont-ils embrassé celui des libéraux, ou bien se sont-ils prononcés contre ? C'est égal, dira M. Casimir Périer, ils sont coupables de l'une comme de l'autre manière, ils ont occasionné une émeute dont le gouvernement a dû les blâmer... Je ferai encore une seconde question : Qui sont ces Espagnols dont on se plaint ? (c'est M. le préfet de Perpignan qui nous le dit.) « Ce sont des Catalans que l'on voit arriver chaque « jour à cette frontière, *sous le prétexte* de se « soustraire aux persécutions qu'ils éprouvent « dans leur pays. »

Eh bien ! d'après cette même lettre sur laquelle on se fonde, n'est-il pas évident à M. le président du conseil, à la chambre et à la France entière, que ces Catalans n'appartiennent pas au corps de

l'émigration espagnole par la chute de la constitution? « Pourquoi confondre les honorables émi-
« grés de 1823 avec des aventuriers qui viennent
« chercher un asile sur le sol hospitalier de la
« France, et se réfugier dans les montagnes, à la
« frontière (dit le préfet de Perpignan, dans sa
« lettre), pour s'y livrer à la contrebande dont ils
« font leur profession ? »

Pour moi, dans cette affaire, je dirai ou que
M. le président du conseil est de mauvaise foi, ou
qu'il n'a pas su comprendre ce que M. le préfet
de Perpignan a voulu lui dire dans sa lettre. Ce
dernier observe, en même temps, « que les opi-
« nions sont tellement partagées sur les inten-
« tions que l'on attribue à ces Espagnols, qu'il
« n'oserait se charger de faire un choix parmi
« eux. » Je conclus de là que les Catalans qui
entrent en France, sous prétexte de persécutions,
peuvent bien être aussi des agens et des espions
de don Carlos d'Espagne et du gouvernement de
Ferdinand. Pour donner encore plus de crédit à
ce que j'avance, je puis citer les noms de quelques
Espagnols qui, venus aux dépôts à Paris et dans
les départemens, se disaient émigrés constitutionnels, et n'étaient rien moins que des agens salariés
du roi d'Espagne, envoyés par lui pour semer la
division et la discorde parmi les véritables émigrés, animés du pur amour de la patrie: quelques-

uns sont retournés en Espagne, et d'autres ont été employés en France, où ils jouissent d'une aisance plus qu'honorable, et qu'ils sont loin d'avoir méritée. Dans tous les cas, les trois Espagnols qui ont été arrêtés à Perpignan ne doivent et ne peuvent légitimer la conduite oppressive du gouvernement contre la masse des émigrés qu'il a déclarés perturbateurs de l'ordre public.

Un nouveau reproche peut être adressé encore au même ministre, qui se plaint de la part que les émigrés ont prise dans les troubles de Perpignan. Pourquoi leur a-t-il permis de séjourner sur les frontières? Pourquoi ne les a-t-on pas soumis à l'ordre qui avait été donné à tous les émigrés constitutionnels de rentrer dans l'intérieur? Pourquoi, dis-je, cet ordre a-t-il été révoqué en leur faveur? Selon moi, M. le ministre est seul responsable de la conduite de ces Espagnols qui ont pris part aux troubles de Perpignan.

Avec de telles raisons, je défie le ministre de prouver les torts qu'il nous impute; au contraire, je lui ferai remarquer que lors des troubles qui ont eu lieu dans les autres départemens où se trouvaient de véritables émigrés, aucune plainte n'a été portée contre eux au ministère, ni même aucun Espagnol n'a été signalé ni suivi dans les émeutes politiques et populaires.

Cependant M. le président du conseil produit

des pièces officielles pour justifier les mesures qui ont été prises contre les émigrés.... Examinons ces pièces, elles sont du préfet de police de Paris.

La première est ainsi conçue : « La conduite « des réfugiés italiens, réunis à Paris au nombre « de 200 à 250, est si peu satisfaisante, que « je me vois obligé de les signaler à votre at- « tention.

« Ils professent ouvertement les opinions les « plus contraires au gouvernement : la plupart « d'entre eux sont liés avec les perturbateurs, et « prennent part à tous les mouvemens qui agi- « tent la capitale.

« Plusieurs ont été signalés, dans les émeutes « successives qui ont eu lieu, et l'un d'eux, « un colonel, a. été arrêté dans les rassem- « blemens du Palais-Royal...... Signé VIVIEN, « 10 août 1831. »

Cette lettre n'a nullement rapport aux Espagnols, et je ne pense pas que M. Casimir Périer puisse faire retomber sur nous ce qui n'a été dit que sur le compte des Italiens, M. Vivien eut-il même raison de le dire. Mais quand même nous nous trouverions dans la même catégorie, la lettre du colonel Bosso, italien émigré, insérée dans le journal de la *Tribune* du 28 octobre dernier, détruit toutes les charges du rapport de

M. Vivien. Je vais la citer ici pour rétablir leur honneur et pour détruire les moyens chimériques de M. Casimir Périer.

« *A M. le Président du conseil des ministres.*

« Monsieur,

« Vous avez donné lecture à la chambre des députés d'un rapport du préfet de police, M. Vivien, ainsi conçu : « Les Italiens réfugiés pro-
« fessent ouvertement les opinions les plus con-
« traires au gouvernement : la plupart sont liés
« avec les perturbateurs, et prennent part à tous
« les mouvemens qui agitent la capitale. Plu-
« sieurs ont été signalés dans les émeutes succes-
« sives, et l'un d'eux, un colonel, a été arrêté
« dans les rassemblemens du Palais-Royal. »

« Le colonel dont il est question, c'est moi; et permettez-moi de vous dire, Monsieur le président du conseil, que je trouve fort injuste, pour ne pas dire plus, que vous fassiez retomber sur mes compatriotes une accusation qui ne devrait avoir que moi pour objet, surtout lorsque les juges ont déclaré mon innocence.

« L'accusation qu'on avait dirigée contre moi parut si misérable, que les juges ne voulurent pas entendre la plaidoierie de mon avocat, Me Tonnet. Les réfugiés italiens, quoi qu'en disent les rapports de la police, ne sont point liés avec les per-

turbateurs ; ils n'ont jamais eu de rapports qu'a-
vec d'honnêtes gens et de francs patriotes. Si ce
sont ces gens-là que vous appelez des perturbateurs, il est certain qu'ils sont liés avec eux,
ils s'en honorent tous, et, pour mon compte, je
me félicite des relations que j'entretiens tous les
jours avec eux. Je suis à peu près le seul Italien
qui ait été arrêté, et vous avouerez, Monsieur,
que vous avez agi au moins avec beaucoup de
légèreté lorsque vous avez incriminé la conduite
du plus grand nombre. Il me semble, Monsieur,
que notre qualité de proscrits aurait dû nous valoir plus d'égards et de justice, et que c'était bien
assez de nous persécuter sans avoir recours à la
calomnie.

« Permettez - moi d'ajouter deux mots pour
votre collègue le ministre des affaires étrangères.
Il a prétendu que le premier usage que les émigrés firent de l'hospitalité de la France, après la
révolution de juillet, fut d'enrôler des Français
pour l'Espagne. Cela est vrai, Monsieur le ministre, mais l'honorable M. Joly a prouvé hier à
la chambre, par pièces officielles, que ces enrô-
lemens avaient été faits sous la protection et
l'influence directe du gouvernement, représenté
par le ministère dont il faisait partie. Il y aurait
donc de l'injustice et de la mauvaise foi à nous
en faire un crime.

« J'ai l'honneur d'être, Monsieur le ministre, votre très humble et obéissant serviteur,

G. Bosso,

Rue de Grenelle-St-Honoré, n. 8.

« Paris, 27 octobre 1831. »

Par la lettre du colonel Bosso, il est bien établi que c'était lui qui était le colonel italien arrêté dans les rassemblemens du Palais-Royal, et dont voulait parler M. Vivien dans son rapport ; mais son innocence reconnue devant les tribunaux n'a-telle pas ôté tout droit à M. Casimir Périer de le dénoncer à la tribune de la chambre, et de tirer, de son arrestation illégale, la conséquence que les réfugiés italiens ont pris part à tous les mou-vemens qui ont agité la capitale ?

Enfin si M. Périer, par l'arrestation désap-prouvée d'un colonel italien dans les derniers rassemblemens qui ont eu lieu, s'est cru autorisé à devoir lancer un décret d'exil contre tous les émigrés, ne devrait-il pas aussi soumettre à la même loi tous les députés de la chambre, par le même motif que deux d'entre eux ont été arrê-tés pendant les troubles, leur dignité ayant été méconnue.

Il y a vraiment lieu de s'étonner de la conduite et de la bonne foi de M. Périer dans cette cir-constance ! Mais faisons l'examen des pièces à charges contre les émigrés.

Un second rapport de M. le préfet de police, en date du 2 septembre 1831, est invoqué par M. Casimir Périer : il est conçu en ces termes :

« Il est parmi les réfugiés des hommes telle« ment dangereux et remuans, qu'ils doivent « nécessairement être renvoyés de Paris. »

Sur cet avis, se sentant comme inspiré, le président des ministres, second oracle de Delphes, fait retomber toute sa colère et toutes ses craintes sur les réfugiés espagnols et italiens seulement ; les Portugais, les Algériens, les Belges, les Polonais, et autres, n'excitent pas le moindrement ses soupçons et sont exceptés de cette mesure. Honneur à la perspicacité de M. Casimir Périer!

Dans un troisième rapport, il est dit :

« Des réfugiés espagnols à la tête desquels on « cite MM. tels et tels (la chambre me permettra « de ne pas citer les noms, dit le ministre,) enrô-« lent, depuis quelques jours, pour pousser au « renversement du gouvernement si les émeutes « prenaient un caractère plus sérieux. (21 sep-« tembre 1831.) »

. Ouvrez, M. Périer, ouvrez cette boîte de Pandore, où vous gardez renfermés les noms de ces deux tels et tels que votre clémence et votre délicatesse vous engagent à taire ; livrez à la vindicte publique ces deux coupables que d'heureuses perquisitions vous ont fait connaître, et s'il le faut, mettant pour eux en usage les lois inquisitoriales, brûlez les corps de ces deux Espagnols qui enrôlent des furies qui vous causent tant de peine ! ! !

Mais où sommes-nous ? Sommes-nous en Espagne devant un tribunal de foi ou de croyance, où l'on est dispensé de fournir les preuves des accusations portées ; ou bien sommes-nous en France sous la protection des lois et de la justice ? S'il est vrai que nous soyons en France, je somme M. Casimir Périer de citer les noms de ces deux Espagnols et de produire devant un tribunal les raisons qui ont pu l'autoriser à calomnier ceux qui n'ont aucun reproche à se faire ?... Qu'ils subissent la peine que la loi leur impose, et que par un acte de clémence de M. Casimir Périer, l'émigration tout entière ne reste pas sous le poids d'une accusation qui la déshonore ; ainsi le veut la justice, ainsi l'ordonnent les lois : faire autrement c'est méconnaître tout principe d'équité ; et nous ajouterons que si M. le président des ministres, sous le manteau de la délicatesse, persiste à garder un secret que nous l'autorisons à dévoiler, de sa conduite même devra résulter la preuve de la fausseté des moyens qu'il a employés pour arriver au but qu'il désirait atteindre sans risques ni responsabilité.

Enfin examinons la dernière pièce produite par

M. le président des ministres. Elle est conçue en ces termes :

« Les Espagnols qui ont figuré dans les der-
« niers troubles paraissent honteux du rôle qu'ils
« ont joué; ils s'attendaient à un soulèvement plus
« prononcé de la part du peuple ; ceux qui n'ont
« pas participé au mouvement sont furieux contre
« les chefs meneurs. (21 septembre 1831.) »

Le contenu de cette lettre me paraît d'autant plus contraire à la vérité, que, dans les pièces produites par M. Périer, on ne trouve aucune preuve que des Espagnols aient figuré dans les troubles ; comment se ferait-il alors que la police puisse dire que les Espagnols sont honteux du rôle qu'ils ont joué, puisqu'il n'y a aucun rapport qui établisse qu'ils aient pris part aux désordres ? Comment se ferait-il que la police les connaissant, n'ait pas fait arrêter ceux dont elle avait à se plaindre ; lorsque, je le répète, des députés, des dames même qui se promenaient dans les jardins ou sur les boulevards, ont excité leurs craintes et ont été arrêtés ?

Rions, et ne faisons plus que rire pour répondre à de telles pièces à charge contre les émigrés.

Jusqu'à présent, il n'a été question que de M. Périer, il est juste aussi de faire quelques réflexions sur la conduite de M. Sébastiani qui, avec son élégante diplomatie et ses principes de dévotion chrétienne, a prononcé un discours dont je veux citer ce seul passage.

« Le député que je remplace à cette tribune (M. Joly) vous a cité un Espagnol qui, dit-il, convoque fréquemment ses compatriotes, et prétend même créer ici une commission de gouvernement espagnol. Est-ce là se conformer aux lois! Est-ce là respecter le droit des gens! Et ce sont de pareils actes qu'on cherche à justifier (1); j'en appelle, Messieurs, à vos consciences; je n'ai pas besoin d'en dire davantage. »

Le mouvement prolongé d'approbation que manifesta l'assemblée ne laissa pas de doute sur l'effet que produisirent ces paroles sur MM. les députés, et l'on vit M. Sébastiani descendre de la tribune, avec un air de triomphe, se promener d'un pas grave, les yeux fixés sur le côté gauche de la chambre, et lancer des regards de mépris et de dédain, accompagnés d'un sourire moqueur sur les honorables députés qui défendaient l'honneur et la liberté des émigrés.

Jusqu'à ce moment l'opposition paraissait avoir le dessus en faveur des émigrés, mais M. Sébastiani, en un instant, fit changer ces dispositions

______

(1) Ce sont là les expressions rapportées au *Moniteur*, mais l'orateur a dit : « et ce sont là des gens dont on vient prendre la défense ! » Mais, n'importe, l'injure est toujours la même.

à l'aide d'une calomnie débitéè sur le compte de cet Espagnol que M. Joly avait désigné, comme ayant un droit positif aux secours qu'il recevait, d'après les traités et capitulations, et comme ayant le droit de rester à Paris ou d'aller partout ailleurs où bon lui semblerait. Quel est donc cet Espagnol dont on voulait parler ? C'est moi, cela ne peut être que moi ; car M. Joly, très certainement, n'a nommé que le colonel Rotalde, en parlant d'une pension de 1,200 fr. accordée par le ministère de la guerre, en vertu des capitulations précitées. Au surplus, je me suis trouvé suffisamment désigné dans les apostrophes de M. Sébastiani, lorsqu'il a dit : « *Cet Espagnol qui fait des convocations fréquentes, et qui prétend même créer ici une commission.* » Oui, c'est moi qui ai fait ces convocations dont on parle ; c'est moi, oui moi seul qui ai formé le projet de créer à Paris une commission qui puisse représenter les émigrés espagnols ? En agissant de la sorte, ai-je manqué de soumission aux lois ? Ai-je cessé de respecter le droit des gens ? Non. Je n'ai pas donné lieu à des reproches si indignes de mon honneur et de la droiture de mes principes libéraux. Si j'ai tenté de créer une commission d'émigrés, c'était sous les hospices du gouvernement qui avait approuvé ma conduite ; si des convocations ont eu lieu, c'est parce que le gouvernement français m'y avait expressément autorisé, ainsi que je vais en donner les preuves.

Le 10 mai 1831, époque où déjà le ministère français était composé des mêmes personnes qui ont encore aujourd'hui la direction des affaires, j'adressai l'écrit suivant à M. le préfet de police.

« *A M. le Préfet.*

Monsieur,

« Je suis l'auteur d'une brochure rédigée en espagnol, qui paraît tous les mois, sous le titre *le Dard*. En écrivant cet ouvrage, je me suis proposé de répandre dans ma patrie les lumières de la vérité, et d'exciter dans le cœur de mes compagnons d'infortune les sentimens de concorde et d'union pour bien servir la cause de la liberté.

« Dans mon second numéro, j'ai présenté un plan d'association patriotique et un moyen de réunir les opinions dans *l'élection des représentans des émigrés de l'Espagne*. Ce plan qui a déjà reçu l'approbation d'un grand nombre de mes compatriotes, *sera soumis au gouvernement français,* quand il aura été définitivement arrêté; mais auparavant il est nécessaire qu'il soit l'objet d'un plus mûr examen de la part des émigrés : j'aurai donc besoin de les réunir, afin de discuter avec eux mon projet d'association, etc., etc.

« Je viens, en conséquence, Monsieur le préfet,

vous prier de vouloir bien me permettre de les réunir à cet effet, et j'aurai soin, si vous m'accordez l'autorisation que je sollicite, de vous faire connaître le jour, l'heure et le local où devra avoir lieu la réunion.

» Je suis, etc.   Signé S. DE ROTALDE.

«Paris, le 10 mai 1831.»   (Copie, n° 12.)

Réponse.

PRÉFECTURE DE POLICE, Ire DIVISION, Ier BUREAU.

« Paris, 13 mai.

« Monsieur,

«J'ai reçu la lettre que vous m'avez fait l'honneur de m'écrire, pour me prévenir du projet que vous avez formé de rassembler un certain nombre de compatriotes, pour examiner et discuter avec eux un plan d'association patriotique dont vous êtes l'auteur. Rien ne s'oppose, Monsieur, à ce que cette réunion ait lieu; je vous prierai seulement de me faire connaître le jour et le local où elle sera convoquée, afin que je prescrive les dispositions d'ordre qui pourraient être nécessaires.

«Recevez, Monsieur, l'assurance de ma considération distinguée.

« Le conseiller d'état, préfet de police,

Signé VIVIEN.

« A M. le colonel Rotalde. »

(*Original*, n° 13.)

Telle est l'autorisation qui me fut donnée à l'effet de convoquer mes compatriotes ; je dois donc m'étonner de ce que M. Sébastiani ait pu se jouer de la bonne foi des députés de la France et abuser de la confiance qu'ils ont accordée à ses déclarations. En effet, comment peut-il se faire que lui ministre des affaires étrangères ignorât ce qui s'était passé au ministère de l'intérieur ? Puisque lui-même, ayant reçu différentes notes et réclamations de l'ambassadeur d'Espagne contre les réunions des émigrés à Paris (*la Quotidienne* nous assurait ces détails dans les articles foudroyans qu'elle a publiés contre moi (1)), demanda des renseignemens, et le ministre de l'intérieur, entre autres, lui envoya la lettre que je lui avais adressée le 21 mai (après la première réunion ou junte des Espagnols), lui rendant compte, comme il était de mon devoir de le faire, par *respect pour les lois et le droit des gens*, de tout ce qui avait été fait, ainsi que de la bonne union qui avait régné dans cette assemblée. Nonobstant ces renseignemens, M. Sébastiani, pour être agréable sans doute à M. l'ambassadeur d'Espagne, fit courber sous son pouvoir l'administration gouvernatrice de l'intérieur, et me fit adresser (après la dernière junte ou réunion des émi-

____

(1) **Voyez** *la Quotidienne* des 1er juin et jours suivans.

grés), par M. le préfet, une lettre en date du
10 juin 1831 (*Original, n.* 14), par laquelle
« *l'autorisation donnée aux émigrés espagnols
de se réunir en assemblée était révoquée;* » donnant pour prétexte : « *que les réunions avaient
donné de l'ombrage et suscité des discussions
dans les journaux.* »

Depuis cet ordre, je défie M. Sébastiani de
produire un écrit de moi ayant pour but de convoquer de nouveau mes compatriotes; je le défie
également de présenter aucune dénonciation de
la police, de laquelle il résulterait que j'ai pu
manquer de respect et d'obéissance aux ordres
qui m'ont été donnés, par M. le préfet, dans sa
lettre du 10 juin ci-dessus mentionnée. Non : je
sais quelle est la conduite que doit tenir un homme
dans un pays qui lui donne asile, et jamais je ne
sortirai des limites prescrites par LES LOIS et le
DROIT DES GENS.

Peut-être M. Sébastiani trouvera-t-il mauvais
que le gouvernement français se trouvant en relations amicales avec l'Espagne, je projette d'établir une junte légale d'émigrés qui pourrait donner de l'ombrage à son gouvernement ?

Pour répondre à ce soupçon mal fondé, il me
suffit de produire la lettre que M. Guizot m'a-
dressa comme ministre de l'intérieur, au sujet de
l'ouvrage qui contenait le projet de régénérer

l'Espagne, par le moyen d'une junte élue par les émigrés. Voici la lettre :

« *Cabinet du ministère de l'intérieur.*

« Paris, 17 août 1831.

« Monsieur,

« Je vous prie de recevoir mes remerciemens au sujet des Mémoires sur l'Espagne. Cet ouvrage est digne de fixer l'attention, et je suis persuadé que le public l'accueillera favorablement.

« Agréez, Monsieur, l'assurance de ma parfaite considération.

« Le ministre secrétaire d'État au départemeut de l'intérieur,   Signé Guizot. »

Cette lettre était non seulement le signe approbatif du ministre, mais encore l'intention officielle du gouvernement de favoriser les entreprises des émigrés.

C'est dans ce sens que tout le monde devait interpréter la lettre de M. le ministre Guizot; et ce qu'il y a de plus étonnant, c'est que l'ayant fait publier dans les journaux (*Courrier français* du 1er novembre 1830), il n'a jamais contredit l'interprétation que je lui avais donnée.

Comment M. Sébastiani pourrait-il me faire un crime d'avoir eu le projet d'établir une junte légale des émigrés de l'Espagne ? Cette junte était le but de mes Mémoires sur l'Espagne, qui avaient été approuvés par M. Guizot ; aussi ce projet allait être mis à exécution dans les assemblées ou réunions tenues à Paris avec permission de M. le préfet de police ; et M. le minis_tre de l'intérieur, qui est président du conseil, en avait une connaissance spéciale et directe.

Par toutes ces raisons, qui justifient en tous points ma conduite, M. Sébastiani est-il excusable de m'avoir rendu l'objet des plus infâmes calomnies, et de m'avoir accusé de *désobéissance aux lois*, et de manque de *respect au droit des gens* ?

Comme homme d'état , sans doute qu'il va se retrancher derrière la barricade de la *non intervention*, et nous opposer son principe sacré, qui lui prescrit de plaire aux nations amies de la France. Pour répondre à cette dernière excuse de M. Sébastiani, et le chasser de cette position qui lui paraît inexpugnable, je reproduis ici l'article que j'avais publié dans différens journaux (en novembre 1830), contre la déclaration des principes du ministère français.

« M. Mauguin (1), dans son discours moral-politique sur l'état des nations et sur ce que la France doit faire pour jouir du fruit de sa glorieuse révolution, fixa l'attention publique sur

____

(1) Séance du 23 novembre 1830.

le sort malheureux des peuples opprimés par le despotisme. La sensation qu'il produisit fut si grande, que pas la moindre opposition ne s'éleva contre le philantrope patriote qui veut la liberté pour tout le monde, et qui n'envisage d'autre gloire pour la France que de la voir l'amie du genre humain..

« Ce discours obligea le ministère à faire la solennelle déclaration de ses principes, et c'est d'après cette profession de foi que je me crois le droit de désavouer des principes qui feraient mépriser cette nation, qui est et qui veut continuer d'être grande, puissante et redoutable.

« M. le maréchal Maison, alors ministre des affaires étrangères, à l'appui du système de *non intervention*, commence par avouer que son patriotisme est égoïste, que sa philantropie est circonscrite par les frontières de son pays, et que quoique les destinées du genre humain ne lui soient pas indifférentes, avant de songer au genre humain, il s'occupe de la France, qui lui est plus chère encore.

« Quand un homme d'état s'égare ainsi dans *l'incomplexité* d'un patriotisme idéal, il n'y a plus rien à faire pour le ramener dans le chemin de la justice. Il faut lui laisser ses paradoxes jusqu'à ce qu'il en reconnaisse la criminalité et le ridicule. « *Je sacrifie tout à mes jouissances.* » Or, voir sacrifier un voisin; non seulement ne pas le secourir, mais encore l'empêcher de s'armer, de se défendre, c'est vraiment être égoïste inhumain; un pareil homme ne peut être patriote, parce que le patriotisme, c'est l'honneur, et il n'y a pas d'honneur là où se trouve la lâcheté, l'inconvenance sociale et l'injustice.

« Tel est le caractère du patriote égoïste; son dévouement est anti-social et sa philantropie restrictive, parce qu'elle consent au sacrifice du faible et à la destruction du genre humain non renfermé dans les frontières de la France.

«Qu'il est plaisant, avec d'aussi fausses doctrines, d'entendre dire que la nouvelle politique du gouvernement français est fondée sur la droiture et la loyauté. C'est donc droiture et loyauté que de se constituer *geolier* des exilés de l'Espagne? C'est droiture et loyauté que de ne pas payer ses dettes d'honneur et de conscience? C'est droiture et loyauté que de ne pas réparer à l'injustice? C'est droiture et loyauté que de renfermer dans des dépôts des victimes du précédent gouvernement, et de leur ravir même jusqu'à l'espérance de revoir leur patrie, que par la plus perfide intervention vous avez violemment replacée sous le sceptre du despotisme?

« Peut-être y aura-t-il des politiques égoïstes

qui, pour faire honneur à la *droiture et à la loyauté* de la politique ministérielle, proclameront la banqueroute des obligations de l'ancien gouvernement. Mais alors il faudra avouer que le débiteur, en changeant d'habit, ne doit rien à son créancier ; et que le criminel, en changeant de noms et de titre, n'a rien à craindre de la justice. Un tel axiome bouleverserait la société de fond en comble ; et je ne pense pas que la glorieuse révolution de la France soit faite pour rompre les liens de la société, et pour la replonger dans l'état de barbarie du premier âge. Ainsi donc, si la France a changé de roi, la France est toujours France, et si elle veut s'appliquer le principe de *droiture* et de *loyauté*, qu'elle rende aux peuples voisins ce qu'elle leur a VOLÉ les armes à la main.

« La *non intervention* s'y oppose, dira-t-on ; mais elle ne s'y oppose que par la défavorable interprétation de M. Maison. Qu'on laisse sa force morale au juste principe de la politique des nations, et le triomphe de la liberté sera général dans l'univers.

« *Non intervention* dans les démêlés intérieurs des peuples avec leur gouvernement, c'est une déclaration qui, selon le droit des gens, et dans la neutralité qu'elle exprime, laisse à tout homme la liberté de servir les intérêts de sa patrie, à quelque distance qu'il s'en trouve éloigné, en quelque lieu qu'il soit. Et, en admettant que cette déclaration ne soit pas illusoire, il est incontestable que les jours des tyrans seraient comptés, si les gouvernemens voisins, en donnant asile aux fugitifs, ne les empêchaient d'user légalement de leurs droits. Or, la légalité veut qu'en conséquence du principe de *non intervention*, l'ambassadeur d'un gouvernement et l'exilé puissent jouir du même privilége d'inviolabilité. Mais que les gouvernemens libres facilitent aux gouvernemens despotiques des emprunts onéreux à leurs sujets esclaves; qu'ils les laissent faire des achats et des approvisionnemens d'armes qui ne doivent leur servir que d'instrumens d'oppression, et qu'en même temps ces gouvernemens libres s'opposent au libre déploiement des réfugiés; voilà ce qui serait encore bien plus coupable que n'est inique et exécrable le gouvernement de Ferdinand. »

C'est ainsi que j'avais combattu alors l'injuste système du gouvernement français, et c'est ainsi que j'ai toujours écrit en défense des droits des émigrés espagnols. Sans doute M. Sébastiani a trouvé que la partie souffrante contrariait sa mauvaise *haute-politique*; et pour faire preuve de finesse, il a employé la calomnie et le sarcasme pour obtenir des représentans de la France le moyen d'éloigner les plaignans.

D'après la qualité de preuves et de documens que je viens de présenter, aucun doute ne doit rester au public que Messieurs les députés de la Chambre ont été trompés, et par conséquent qu'ils ont flétri l'honneur des Espagnols en votant des mesures proposées par le ministère.

Plaise à Dieu que la Chambre, éclairée sur la vérité des faits, compatisse au sort des malheureux émigrés, qu'elle a exposés aux caprices du pouvoir. Et si les ministres ont une conscience, que la Providence les fasse gémir sur les maux qu'ils ont causés aux honorables proscrits de l'Espagne.

TABLEAU

DES

MAUX CAUSÉS AUX ÉMIGRÉS ESPAGNOLS

PAR SUITE

DES MESURES EXTRAORDINAIRES

ADOPTÉES

PAR M. CASIMIR PERIER.

Les émigrés espagnols, autorisés depuis long-temps à résider à Paris et à jouir d'un secours temporaire, recevaient, le 2 de chaque mois, la paie échue du mois antérieur, ce qui obligeait chaque émigré à vivre un mois sur des fonds qu'il n'avait pas encore touchés.

Le 2 octobre dernier, au moment où les émigrés se présentèrent pour recevoir la solde du mois de septembre, on leur intima l'ordre de quitter Paris, et de se rendre à Tours, où ils continueraient à toucher leur paie. On peut comprendre l'étonnement et l'indignation qu'éprouvèrent les émigrés à la nouvelle de cet ordre. M. Marquet, sous-chef de la 1re division de la Préfecture, chargé de cette affaire, leur présenta

un registre où chacun devait signer l'engagement
de se conformer à cet ordre, de manière à recevoir ensuite leur passe-port pour partir dans les
quarante-huit heures. A cette condition, on of-
frait de leur solder la moitié de la paie échue du
mois de septembre, et l'autre moitié à Tours.

Tous, d'une voix unanime, se récrièrent, en
invoquant la légitimité de leurs droits à la solde
entière du mois échu, mais M. Marquet « *ne*
« *pouvait s'empêcher de suivre les instructions du*
« *ministre, qui portaient que personne ne serait*
« *payé de la moitié du mois de septembre sans*
« *avoir signé ledit registre et avoir reçu le passe-*
« *port pour partir.* »

La tête basse et le cœur navré, chaque émigré
retourna à son logement et raconta à son hôte
ce qui venait de se passer.

L'hôte reconnut que le crédit qu'il avait fait
à l'émigré était de l'argent perdu, et ne se
souciant pas de faire un nouveau sacrifice, il con-
gédia son locataire ; ainsi la plus grande partie
des émigrés se trouvèrent sans logement à Paris.

Ces mêmes émigrés, par la même raison, se
trouvèrent sans avoir de quoi manger, parce que
dans les restaurans où ils avaient obtenu du crédit pour un mois, on leur refusa des avances
pour lesquelles on n'avait plus désormais aucune
garantie.

Trois jours se passèrent depuis l'ordre fatal intimé aux émigrés, et on peut assurer que ce fut pour eux trois jours de jeûne.

Au bout de ce temps, on appela de nouveau les émigrés, on leur paya la moitié du mois de septembre échu, et on leur communiqua la résolution suivante : « *Ceux qui partiront recevront tout* « *le montant du mois de septembre et l'indem-* « *nité de route jusqu'à Tours.* » La misère, le point d'honneur de leurs dettes du mois de septembre, envers ceux qui les avait nourris et logés, toutes ces considérations arrachèrent à la plupart d'entre eux leur assentiment à cette odieuse mesure, et ils quittèrent Paris, laissant *presque tous*, au Mont-de-Piété, la plus grande partie de leur vestiaire, pour pouvoir faire honneur à leurs dettes.

Si tels ont été les maux physiques des émigrés, les conséquences morales qui sont résultées pour l'émigration des rigueurs iniques de M. Casimir Périer, ne sont pas moins affligeantes.

Dès que l'ordre fut donné de «*de faire sortir de* « *Paris les émigrés espagnols,* » chacun commença à croire que cet « *ordre avait été suggéré par les* «*fautes ou les* CRIMES *commis par quelques-uns* « *d'entre eux que la malveillance se faisait un plai-* « *sir de désigner.* » A cette époque parut, dans *le Moniteur*, un article officiel qui annonçait que des *Espagnols et des Italiens avaient pris part aux émeutes*. D'après cette pièce officielle, chaque émigré qui se voyait exilé de Paris, et qui savait bien, en conscience, qu'il n'avait pas paru dans les émeutes, supposait que c'était à d'autres que s'adressait l'article du *Moniteur*; et dans l'irritation que lui donnait le sentiment de ses cruelles souffrances, il blâmait hautement ceux qu'il croyait en être la cause, et qui, en réalité, en étaient aussi innocens que lui-même. De cette erreur et de ces accusations réciproques, il résulte une conséquence, c'est que tous se sont trouvés offensés, *et animés par conséquent d'une inimitié* RÉCIPROQUE.

Oh! comme le roi d'Espagne doit se réjouir de l'état où a été réduite la masse de ses proscrits! MM. Périer et Sébastiani en recevront la récompense, et je ne doute point qu'ils n'obtiennent la grand'croix de St.-Ferdinand, et quelques pensions considérables pour les dédommager des dépenses qu'ils ont faites avec les deniers publics de la France, pour les indemnités et feuilles de route de quatre cents individus dont l'exil a dû coûter de grands frais à l'administration. Gloire à des hommes d'état qui savent être si prodigues, quand il s'agit de satisfaire leurs passions!

RÉSUMÉ DE L'EXPOSÉ.

1°. Par les pièces originales, n. 1 et 2, des décrets de cortès d'Espagne, rendus en l'année 1823, contre les étrangers qui abusent du droit d'hospitalité, et *donneraient des soupçons* au gouvernement, il reste pleinement justifié que les mesures extraordinaires sont l'avant-coureur du despotisme, et qu'elles ne manquent jamais de servir d'arme à des vengeances particulières. M. Casimir Périer ignorait-il cela, quand il a demandé l'autorisation de disposer des émigrés comme on dispose des esclaves?...

2° Par les pièces, n. 3 et 4, écrites par M. le baron de Damas, ministre de la guerre en 1823, il est bien prouvé que le gouvernement m'avait maltraité au mépris des DROITS DE GUERRE ; et que la loi exceptionnelle donnée en Espagne par les cortès (les chambres), avait été suscitée par les ennemis de la liberté pour rétablir le despotisme d'un roi parjure. Il est donc probable que M. Casimir Périer s'est chargé de la continuation du projet de la destruction des libéraux de l'Es-pagne.

3° Par les pièces, n. 5, 6 et 7, on trouve jus-

tifié que c'est de DROIT que m'avait été accordée
la pension de 1,200 fr., en vertu des capitulations
et conventions des Français dans la guerre de
l'Espagne en 1823. Ainsi les Espagnols qui reçoivent des pensions comme moi, ne reçoivent
pas des aumônes.

4° Les pièces, n. 8, 9 et 10, établissent la
pleine justification de mon DROIT personnel aux
indemnités qui m'ont été accordées ; et par conséquent « *les secours reçus* » sont l'acquittement
des crédits, que tout émigré a plus ou moins que
moi le DROIT de réclamer pour les pertes éprouvées en CAPTIVITÉ.

5° Par les capitulations et traités faits par les
généraux français dans la guerre de l'Espagne
en 1823, il est bien justifié que les émigrés espagnols ont des DROITS aux secours qu'ils reçoivent du gouvernement français.

6° Les pièces, n. 11, 12, 13, 14 et 15, prouvant
que M. Sébastiani a été CALOMNIATEUR, en me désignant, en pleine chambre, « *comme un homme*
« *qui manque aux* LOIS *du pays et* aux DROITS
« DES GENS; » puisque c'est le gouvernement
français qui m'avait autorisé à convoquer mes
compatriotes, « pour *créer à Paris une commis-*
« *sion représentative des émigrés.* » — L'AUTORI-
« SATION de convoquer est écrite, et mon plan
approuvé par M. Guizot qui, comme ministre de

l'intérieur, m'adressa une LETTRE OFFICIELLE à ce sujet : ce plan contenait le projet de régénérer l'Espagne en *chassant* la DYNASTIE DES BOURBONS... en donnant les BIENS DU CLERGÉ au peuple (en restitution des vols qui lui avaient été faits).... et en constituant un gouvernement RÉPUBLICAIN sous la forme des *républiques fédérées*, chaque province espagnole ayant son langage, ses coutumes et ses mœurs distinctes. Appuyé sur *l'approbation officielle* du ministre de L'INTÉRIEUR... et *autorisé* par le conseiller d'état, préfet de police, je suis à l'abri de tout reproche, et j'ai le droit de dire que M. Sébastiani A ÉTÉ UN CALOMNIATEUR en me désignant comme un homme qui manque aux LOIS et AUX DROITS DES GENS.

7° Par l'examen fait des pièces présentées par M. Casimir Périer contre la conduite des émigrés, on est étonné que la majorité de la Chambre n'ait pas aperçu le CHARLATANISME de l'accusateur, puisque « on ne trouve pas le MOINDRE INDICE de « criminalité... de faute... ou indiscrétion de la « part des émigrés espagnols, » dans les pièces à charge qu'a voulu faire valoir le président du conseil pour flétrir l'honneur des victimes espagnoles.

8° Par les conséquences qu'ont produites les mesures prises contre les émigrés espagnols, on aperçoit bien que le mal fait aux Espagnols n'est pas l'effet d'une injustice, mais l'effet d'une cabale à laquelle la cour d'Espagne n'est pas étrangère. Il me sera facile de le prouver en cas de besoin.

Tels sont les résultats des faits que je viens d'exposer, et j'espère qu'il ne s'élèvera point en France de voix qui méconnaisse le motif qui m'a guidé dans l'expression de mon opinion. J'ai parlé le langage de l'homme libre. On m'a offensé, j'ai dû me défendre, et quand même je sois digne de blâme, la France civilisée rendra justice à la droiture, à l'honneur et à la gratitude des émigrés espagnols dans le pays hospitalier qui leur sert d'asile.

Paris, le 15 novembre 1831.

S.^r DE ROTALDE,
Colonel espagnol.

AVERTISSEMENT.

L'auteur a cru devoir suspendre jusqu'à ce jour la publication de cet écrit. Une juste considération commandée par les circonstances où s'est trouvé le gouvernement, par suite des événemens de Lyon , en a été la seule cause.

Paris, 22 décembre 1831.

(*Note de l'auteur.*)

PARIS. — AUGUSTE MIE , Imprimeur, rue Joquelet , n.º 9.